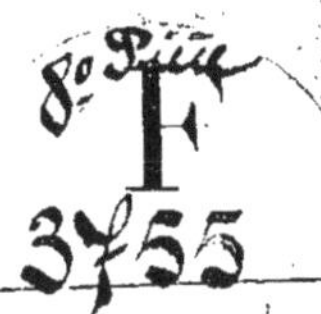

LA LÉGISLATION

DES

BOUILLEURS DE CRU

ET DES

FABRICANTS DE VIN DE SUCRE

PAR

MAURICE DROUOT

DOCTEUR EN DROIT

AVOCAT AU BARREAU DE GRAY

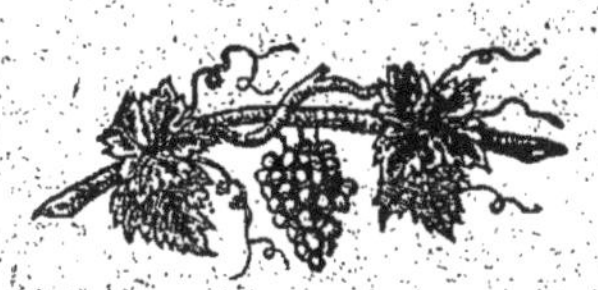

PARIS (VIe)
LIBRAIRIE DES SCIENCES AGRICOLES
Charles AMAT, éditeur
11, Rue Cassette

En vente à la Librairie PERRON, rue des Terreaux, à Gray.

TABLE DES MATIÈRES

PREMIÈRE PARTIE

LES BOUILLEURS DE CRU

CHAPITRE Ier

CHAPITRE II

CHAPITRE III

CHAPITRE IV

DEUXIÈME PARTIE

LE SUCRAGE DES VENDANGES

PARIS. — IMPRIMERIE J. BRUNET.

PREMIÈRE PARTIE

LES BOUILLEURS DE CRU

Les bouilleurs se divisent en **petits bouilleurs** *et* **bouilleurs de profession.**

Qu'entend-on par petits bouilleurs et par bouilleurs de profession?

Quelles sont les obligations imposées aux uns et aux autres par la loi du 31 mars 1903 et par les règlements qui l'ont suivie?

La réponse à ces questions forme l'objet de la 1re partie de cette brève étude.

CHAPITRE Ier

DES PETITS BOUILLEURS

I

Définition

Il importe tout d'abord de donner une définition des petits bouilleurs, parce qu'ils sont affranchis de certaines obligations qui sont imposées aux bouilleurs de profession et qui seront indiquées dans le chapitre suivant.

Pour être considéré comme petit bouilleur, il faut réunir les conditions suivantes :

1° ÊTRE RÉCOLTANT, pour employer l'expression de la Régie, c'est-à-dire ÊTRE PROPRIÉTAIRE, FERMIER OU MÉTAYER D'UNE VIGNE OU D'UN VERGER DONT LES RÉCOLTES NE PEUVENT PRODUIRE PLUS DE 50 LITRES D'ALCOOL PUR.

Je suppose qu'un domaine (vigne, ou ferme comprenant vigne et verger) fait l'objet d'un bail ou d'un métayage ; je suppose également que ce domaine ne peut produire plus de 50 litres d'alcool pur ;

En cas de bail à ferme, le fermier seul, — et non le propriétaire, — est considéré comme petit bouilleur, puisque seul il est récoltant ;

En cas de métayage ou de bail à colonat partiaire, une distinction doit être faite :

1° Si le métayer ou colon est un simple ouvrier, dirigé par le propriétaire qui le paye en nature au lieu de le payer en argent, le propriétaire seul peut revendiquer la qualité de petit bouilleur ;

2° Si le métayer ou colon est maître de l'exploitation et sert au propriétaire un rendage en nature au lieu de lui payer un fermage en argent, le métayer ou colon seul peut revendiquer la qualité de petit bouilleur ;

3° Si le propriétaire fournit une partie des bestiaux et instruments et que le métayer fournisse le surplus, tous deux sont considérés comme petits bouilleurs.

Je suppose enfin qu'un domaine pouvant produire plus de 50 litres d'alcool pur est réparti entre deux métayers ou colons partiaires; chacun d'eux sera réputé petit bouilleur si sa part de culture peut être considérée comme ne produisant pas plus de 50 litres d'alcool pur ; le propriétaire ne jouira pas des avantages attachés à la qualité de petit bouilleur.

La superficie de vignes, le nombre et la nature des arbres fruitiers présumés capables de produire 50 litres d'alcool pur sont déterminés dans chaque département par un arrêté ministériel rendu sur la proposition du directeur des Contributions indirectes et après avis du Conseil général et du Préfet.

Dans la Haute-Saône, en vertu de l'arrêté du 4 février 1904, *sont considérés comme petits bouilleurs, les propriétaires, fermiers ou métayers qui ne possèdent pas plus de deux hectares de vignes, ou de trente cerisiers, ou de trente-cinq pommiers, ou de trente-cinq poiriers, ou de soixante pruniers, ou de six cents prunelliers, à l'état de rapport normal.*

a) Qu'entend-on par vignes et arbres à l'état de rapport normal ? Ce sont, d'après la Régie, toutes les vignes et tous les arbres autres que ceux cultivés en pépinière ou nouvellement plantés. La Régie considère, en conséquence, comme étant en rapport normal, par cela seul qu'il est planté depuis plusieurs années, un arbre qui par suite d'un accident quelconque n'a pris aucun développement et demeure improductif.

b) Le récoltant qui ne possède pas une superficie de vigne ou un nombre d'arbres fruitiers supérieur aux chiffres indiqués par l'arrêté du 4 février 1904 est présumé ne produire que 50 litres d'alcool pur et il est toujours considéré comme petit bouilleur quand bien même, en fait, il en produirait davantage ; inversement celui qui possède par exemple, trois hectares de vignes, ou soixante dix pruniers, ou quarante pommiers et poiriers, ou soixante cerisiers est présumé produire plus de 50 litres d'alcool pur et il est toujours considéré comme bouilleur de profession quand bien même, en fait, par suite d'une mauvaise récolte, il produirait moins de 50 litres d'alcool pur ;

c) Un récoltant qui, en raison de la surface de sa vigne et du nombre des arbres de son verger serait rangé dans la catégorie des bouilleurs de profession a un moyen de bénéficier des avantages attachés à la qualité de petit bouilleur : c'est, pour employer l'expression de la Régie, de ne pas faire usage de tous ses moyens de production. Un exemple éclaircira cette formule abstraite :

Je possède trente pruniers, vingt-cinq cerisiers et cinquante ares de vigne. Si je distille mes prunes, mes cerises et mes marcs, je serai considéré comme bouilleur de profession. En effet, « l'ensemble des moyens de production » dont je dispose est présumé produire plus de 50 litres d'alcool pur puisque trente pruniers sont présumés rendre 25 litres d'alcool pur, quinze cerisiers 25 litres également, et cinquante ares de vignes 12 litres 1/2, soit un total de 62 litres 1/2. Pour jouir des avantages réservés au petit bouilleur, il me suffit de me borner à distiller les prunes et les cerises, ou les cerises et les marcs, ou les marcs et les prunes, car alors « les moyens de production » mis en œuvre sont présumés incapablesde produire plus de 50 litres d'alcool pur.

Mais le récoltant ne peut exercer cette option qu'entre des produits dissemblables. Je possède soixante pruniers et trente-cinq pommiers : je deviens petit bouilleur en distillant soit les prunes, soit les pommes. Au contraire, si je possède trois hectares de vignes, je demeure bouilleur de profession quand bien même je me bornerais à distiller les marcs provenant de deux hectares ; de même, je demeure bouilleur de profession si je possède trente pommiers et dix poiriers, quand bien même je me bornerais à distiller ou les pommes ou les poires, car la Régie considère comme matières semblables les pommes et les poires (Circ. n° 578 du 30 août 1904, § 161).

2° Ne distiller que les marcs (1) provenant d'une vigne,

(1) Sont assimilées aux marcs : 1° la grosse lie qui tombe au fond des cuves de fermentation, en cas de cuvaison prolongée ; 2° la grosse lie provenant du premier soutirage des vins dont la fermentation s'est accomplie dans des fûts ou foudres ; cette grosse lie est celle qui reste au fond des fûts et foudres après filtration du vin plus ou moins trouble auquel elle se trouvait mêlée. (Circ. n° 578, du 30 août § 159).

QUE LES CERISES, CIDRES ET POIRÉS, POMMES ET POIRES, PRUNES PROVENANT D'UN VERGER, OU LES PRUNELLES PROVENANT D'UN TERRAIN, DONT ON EST PROPRIÉTAIRE, FERMIER OU MÉTAYER.

En conséquence, le non récoltant qui achète des vendanges, même en très petite quantité et qui en distille les marcs est tenu de remplir les obligations que la loi impose aux bouilleurs de profession.

Mais un récoltant peut-il, sans perdre la qualité de petit bouilleur, distiller les produits de sa propre vigne, s'il achète des vendanges ? L'année dernière et même cette année, la Régie répondait affirmativement à cette question ; dans une instruction spéciale à la Haute-Saône et qui est imprimée au verso des modèles de déclaration de fabrication qui se trouvent chez les receveurs buralistes, on lit que les récoltants qui ont acheté des vendanges peuvent distiller en qualité de petits bouilleurs les marcs de leur récolte, à condition de déclarer au préalable la quantité de vendanges qu'ils ont achetée et de représenter ces mêmes vendanges après avoir terminé la distillation des marcs de leur récolte.

Mais aux termes de la récente circulaire du 30 août 1904, « le bénéfice de l'article 21 ne peut s'appliquer aux bouilleurs de marcs qui auraient reçu des vendanges d'achat ».

Ainsi la Régie n'a pas craint de revenir sur sa première façon d'interpréter la loi : je possède une vigne, si j'achète des vendanges je ne puis plus distiller en qualité de petit bouilleur les mars qui proviennent de ma vigne.

Le récoltant qui n'a pas de vignes, mais qui possède un verger dont il veut distiller les fruits, s'il achète des vendanges, doit en faire la déclaration à la Régie, sans quoi il perd la qualité de petit bouilleur. Mais, dans ce cas, il lui suffit de faire cette déclaration avant de distiller ses fruits. Enfin, il perdrait la qualité de petit bouilleur s'il achetait ou recevait à titre gratuit, des fruits de même nature que ceux de son verger.

Le récoltant qui sucre ses vendanges en première cuvée pour améliorer le vin, ou en deuxième cuvée pour obtenir un second vin peut distiller les marcs sans être soumis aux obligations du bouilleur de profession, s'il a eu soin de faire la déclaration de sucrage prescrite par la loi ; mais il cesserait d'être considéré comme petit bouilleur s'il distillait ses marcs immédiatement après les avoir sucrés et sans en extraire au préalable un second vin.

3° Distiller chez soi.

Toutefois le récoltant peut distiller :

a) Sur un terrain, même non clos, attenant à son habitation ;

b) Chez un voisin, s'il en a obtenu l'autorisation. La demande d'autorisation est déposée à la recette buraliste locale. Elle est écrite sur papier libre. La Régie exige que la feuille sur laquelle est rédigée la demande d'autorisation ait le format d'une feuille de timbre à soixante centimes ;

c) Dans un local public agréé par l'administration, et ce, sans avoir besoin d'une autorisation.

Le récoltant qui distille chez un voisin ou dans un local public doit prendre un acquit pour le transport des matières à distiller et de l'alcool obtenu ; c'est la seule obligation fiscale qui lui soit imposée par la loi ; cependant, sans y être autorisée par un texte, la Régie entend le priver du principal avantage attaché à la qualité de petit bouilleur ; elle ne lui accorde, en effet, la franchise du droit de consommation qu'à concurrence de 20 litres d'alcool pur. (Circ. n° 578 du 30 août 1904, § 173).

4° DISTILLER AU MOYEN D'UN ALAMBIC ORDINAIRE DONT LA CAPACITÉ N'EXCÈDE PAS CINQ HECTOLITRES OU D'UN ALAMBIC AMBULANT NON CHAUFFÉ A LA VAPEUR, NE FONCTIONNANT PAS A MARCHE CONTINUE ET INCAPABLE DE DISTILLER PLUS DE DEUX CENTS LITRES DE LIQUIDE FERMENTÉ PAR VINGT-QUATRE HEURES.

5° NE PAS EXERCER PAR SOI-MÊME OU PAR L'INTERMÉDIAIRE D'ASSOCIÉS, LA PROFESSION DE DÉBITANT OU DE MARCHAND EN GROS DE BOISSONS. (Loi du du 29 décembre 1900, art. 10 § 1er).

II

Contrôle des Alambics

Toute personne qui détient un appareil ou une portion d'appareil propre à la distillation, en vue de la fabrication de l'eau-de-vie, est tenue d'en faire la déclaration au bureau de la Régie.

Cette déclaration doit énoncer :

1° Le nombre d'appareils ou portions d'appareils ;

2° Leur nature ;

3° Leur capacité.

Un délai de cinq jours est imparti à l'intéressé pour faire cette déclaration ; ce délai a pour point de départ le jour même où l'intéressé est devenu possesseur de l'appareil ou de la portion d'appareil.

Les appareils seront :

1° Poinçonnés, s'ils ne le sont déjà, par application de la loi du 29 décembre 1900, art. 12 ;

2° Mis sous scellés pendant toute la durée des périodes de non-usage ;

3° Représentés à toute réquisition des employés de la régie, dont le contrôle ne pourra toutefois s'exercer que de jour. Il sera possible aux bouilleurs d'éviter les visites domiciliaires des employés en déposant leurs appareils dans un local agréé par l'administration.

III

Circulation des Alambics

Alambics ordinaires. — Alambics ambulants

Les alambics ne peuvent circuler sans acquit-à-caution.

Les personnes qui prêtent ou louent *par hasard* un alambic *ordinaire* doivent se conformer à cette règle.

Celles qui louent *habituellement* des alambics *ordinaires*, sans procéder elles-mêmes aux opérations de distillation, doivent en outre déclarer le nombre des alambics qu'elles détiennent et tenir un registre d'entrée et de sortie.

Des obligations spéciales sont imposées aux détenteurs d'*alambics ambulants*, c'est-à-dire « d'appareils montés sur roues, disposés pour être conduits de commune en commune, de ferme en ferme, à l'effet de servir à la distillation des produits des récoltants » (Circ. n° 537, du 24 août 1903).

Le détenteur d'alambics ambulants doit :

1° Se munir d'un permis de circulation. (Décret du 15 avril 1881, art. 33).

2° Déclarer dès son arrivée dans chaque commune, au bureau qui aura été désigné par la Régie, le nom, le domicile des personnes pour lesquelles il distillera, et la date à laquelle il commencera de travailler chez chacune d'elles ;

3° Tenir un cahier-journal sur lequel il consignera le résultat des opérations de distillation auxquelles il se sera livré ;

4° Communiquer ce cahier-journal à toute réquisition des employés de la Régie. Ceux-ci pourront requérir de lui cette communication « soit à son domicile ordinaire ou temporaire, soit en tous autres lieux où il se livre à l'exercice de sa profession », c'est-à-dire au domicile même du bouilleur ;

5° Remettre au service, aussitôt la distillation faite, un duplicata des inscriptions du cahier-journal.

Le producteur qui utilise un alambic ambulant doit :

1° Faire la déclaration de distillation si mieux il n'aime en charger le loueur lui-même au moyen d'un pouvoir signé sur un carnet gratuitement fourni par l'administration ;

2° Contresigner sur le cahier-journal du loueur, le résultat de la distillation ;

3° Signer le duplicata que le loueur est tenu de remettre au service.

IV

Déclaration de distillation

Nul ne peut se livrer à la fabrication ni au repassage des eaux-de-vie, esprits et liquides alcooliques de toute nature, sans en avoir fait, *trois jours à l'avance* (décret du 19 août 1903, art. 6), la déclaration au bureau de la Régie, c'est-à-dire à la recette buraliste du lieu où doit se faire la distillation et à défaut de recette buraliste en ce lieu, au bureau spécial ouvert dans ce but par l'administration (bureau de tabac, secrétariat de mairie, etc.). Toutefois, le délai qui doit séparer la déclaration de distillation de la distillation elle-même est réduit à deux heures dans le cas où le récoltant a confié le soin de distiller ses produits à un loueur ambulant pourvu que celui-ci ait indiqué trois jours à l'avance, dans la déclaration qui lui est imposée par l'art. 33 du décret du 15 avril 1881, la date de son arrivée dans la commune. (Circ. n° 578, du 30 août 1904 § 93, 2e al.).

La déclaration de distillation a pour objet de faire connaître à la Régie, le nom et le domicile du bouilleur, la superficie de ses vignes et le nombre de ses arbres fruitiers, la nature et la provenance des produits qu'il se propose de mettre en œuvre, la date et l'heure auxquelles il entend commencer les opérations de distillation, le lieu où celles-ci seront effectuées et le numéro de poinçonnement de l'alambic qui sera utilisé.

Voici la déclaration-type préparée par la Régie et dont le bouilleur n'a qu'à remplir les blancs :

Je soussigné (*nom, prénoms, profession*), domicilié à commune d revendiquant le bénéfice des dispositions de l'article 21 de la loi du 31 mars 1903, déclare :

1° Vouloir commencer à distiller le 190 à heures minutes du (*matin ou soir*), les (*marcs ou fruits*) provenant de ma récolte.

2° Ne cultiver que la superficie des vignes ou le nombre d'arbres fruitiers spécifiés au cadre ci-dessous.

3° Opter pour les (*ici, indiquer la nature des produits que l'on veut distiller, prunes ou marcs, ou cerises, etc.*).

INDICATION DES PARCELLES OÙ SE TROUVENT LES VIGNES OU LES ARBRES						
Département	Commune	Hameau Quartier Lieu dit	Désignation des PARCELLES	Superficie des vignes et nombre par espèce des arbres fruitiers		
				VIGNES — superficie	ARBRES FRUITIERS	
					espèces	nombre
....	....	....	....	....	....	....

Je demande qu'il soit procédé, à la date et à l'heure indiquées ci-dessus, pour le commencement des travaux, au descellement de mon alambic poinçonné sous le n° ,

Fait à le 190 .

(Signature).

Si, postérieurement à sa déclaration, le bouilleur se trouve en possession de produits nouveaux, il doit, avant de les distiller, en faire connaître à la régie, par une déclaration spéciale, la nature et la provenance.

Le bouilleur peut rompre lui-même les scellés de

son alambic si les employés ne les ont pas levés TROIS HEURES après celle indiquée dans sa déclaration comme étant celle à laquelle il se propose de commencer à distiller.

Le bouilleur qui brisera ainsi les scellés, agira prudemment en se faisant assister de deux témoins dont la déposition fera, le cas échéant, disparaître tout soupçon de fraude.

Après la distillation, les alambics doivent être scellés à nouveau. Les récoltants sont tenus de faire connaître à la Régie le jour où la distillation est terminée et de demander que leurs appareils soient à nouveau scellés.

V
Droit de Visite

Les employés de la Régie ont le droit de pénétrer *de jour* seulement dans le local où se trouve l'alambic et dans celui où se trouvent les matières à distiller pour vérifier si les prescriptions de la loi ont été observées.

Ce droit de visite pourra donc être exercé 1° de sept heures du matin à six heures du soir en janvier, février, novembre et décembre ; 2° de six heures du matin à sept heures du soir en mars, avril, septembre et octobre ; 3° de cinq heures du matin à huit heures du soir en mai, juin, juillet et août.

Si les employés veulent pénétrer dans des pièces autres que celles où se trouvent l'alambic et les matières à distiller, ils doivent se conformer à l'article 237 de la loi du 28 avril 1816, c'est-à-dire : 1° Être munis d'un ordre écrit émanant d'un employé supérieur, du grade de contrôleur au moins, sauf dans le cas où ils opèrent avec la participation d'un employé supérieur ; 2° Être assistés du juge de paix, ou du commissaire de police, ou du maire, ou d'un adjoint, et à défaut d'un conseiller municipal pris dans l'ordre du tableau.

Chapitre II

DES BOUILLEURS DE PROFESSION

Les bouilleurs qui ne rentrent pas dans la définition donnée au début du chapitre précédent sont des *bouilleurs de profession.*

Ils doivent se conformer aux prescriptions qui leur sont imposées par les lois et règlements antérieurs à la loi du 31 mars 1903 (1) et à celles que cette dernière loi impose aux petits bouilleurs ; cette même loi contient en outre des dispositions qui leur sont spéciales et qui sont les suivantes :

§ I

1° Les bouilleurs de profession, au moment où pour la première fois, en vertu de la loi du 31 mars 1903, ils font une déclaration de distillation, sont tenus de faire connaître à la Régie la quantité d'alcools anciens dont ils sont détenteurs. Les employés ont un droit de visite domiciliaire pour vérifier si la quantité d'alcools indiqués est bien conforme à celle réellement détenue.

2° Ces alcools, au gré des bouilleurs, sont pris en charge ou paient immédiatement les droits, à moins qu'ils ne les aient payés déjà et que la justification en soit fournie.

§ 2

Les bouilleurs sont dans l'alternative :

1° Ou de payer immédiatement les droits sur les al-

(1) L'administration ne réclame pas le paiement de la licence aux bouilleurs de matières d'achat, ou de matières ne comportant pas le privilège, quand ils ne se livrent qu'à une seule opération dans l'année pour moins de cinq litres d'alcool pur et ne font aucune vente, toutes autres obligations générales leur restant d'ailleurs imposées. (Circulaire n° 578, du 30 août 1904, § 16).

cools distillés par eux depuis la promulgation de la loi du 31 mars 1903 ; dans ce cas, « ils bénéficient d'une allocation en franchise de 10 %, sans que cette allocation puisse être inférieure à 20 litres d'alcool pur ».

2° Ou de réclamer l'ouverture d'un compte qui se règle par campagne ; dans ce cas, pour chaque campagne, ils jouissent :

a) D'une allocation en franchise de 20 litres d'alcool pur.

b) « De la déduction ordinaire accordée aux entrepositaires pour ouillage, coulage et déchets de magasin » ;

Mais, les employés de la Régie, après la distillation, dresseront l'inventaire des quantités d'alcools obtenues, et au moment de la campagne suivante de distillation, procéderont à un récolement ou vérification, dans le but de constater les fraudes qui auraient été commises.

Pendant les opérations d'inventaire et de récolement, le bouilleur peut se faire assister de deux témoins majeurs et leur demander de contresigner ses observations au procès-verbal que rédigent les employés.

Chapitre III

DISPOSITIONS SPÉCIALES

AUX SYNDICATS PROFESSIONNELS & ASSOCIATIONS COOPÉRATIVES DE DISTILLATION

Les propriétaires, fermiers et métayers, peuvent en constituant des syndicats professionnels ou des associations coopératives de distillation, bénéficier de divers avantages, sous certaines conditions.

Les producteurs syndiqués ou associés sont, en effet, personnellement dispensés de la déclaration préalable prescrite par l'article 18 et affranchis de tout exercice ; ils bénéficient d'une allocation en franchise de 10 °/₀, sans que cette allocation puisse être inférieure à 20 litres d'alcool pur.

Mais pour bénéficier de ces avantages, ils sont dans l'obligation :

1° De déposer leurs appareils de distillation dans un local agréé par la Régie et géré par le syndicat ou l'Association dont ils font partie ;

2° De distiller dans ce même local les denrées déterminées par la loi et provenant exclusivement de leur récolte ;

3° D'y laisser enfin les alcools qu'ils auront obtenus ; ils pourront d'ailleurs les retirer à volonté avec faculté pour eux ou de payer les droits ou de demander le crédit de l'impôt ; dans ce second cas, leurs alcools feront l'objet d'un inventaire après la fabrication et d'un récolement, au moment où s'ouvrira la campagne suivante de distillation.

Les locaux des syndicats et coopératives, sont légalement assimilés aux distilleries : les lois et règlements qui régissent les distilleries, sont applicables « tant à l'aménagement » de ces locaux « qu'aux opérations qui y sont pratiquées ».

CHAPITRE IV

PÉNALITÉS

Les bouilleurs qui contreviennent aux prescriptions de la loi du 31 mars 1903, sont, aux termes de l'article 26 de cette même loi combinée avec l'article 14 de la loi du 29 décembre 1900, passibles d'une amende de 500 à 5.000 francs et de la confiscation des appareils et alcools saisis ; ils sont tenus en outre de rembourser les droits fraudés.

L'amende est doublée en cas de récidive.

Les mêmes pénalités sont applicables à toute personne convaincue d'avoir facilité la fraude.

Le loueur d'alambic qui ne remplit pas les obligations qui lui sont imposées, est frappé des mêmes pénalités et il est, en outre, l'objet de la déchéance édictée par l'article 11 de la loi du 29 décembre 1900 ; en d'autres termes, il perd le bénéfice de son permis de circulation et il ne peut en obtenir un nouveau avant un délai de six mois, et en cas de récidive, avant un délai d'un an, mais, les pénalités de l'article 26 seront encourues par le bouilleur seul, s'il est établi que le non-accomplissement des obligations imposées au loueur provient de son fait.

Enfin, aux termes de l'article 22, dernier alinea, « les membres de chaque syndicat ou association coopérative seront solidairement responsables de toutes les infractions à la loi commises dans le local commun ».

Les tribunaux ne peuvent accorder de circonstances atténuantes et réduire l'amende ou s'abstenir de prononcer la confiscation que dans le cas où, conformément à l'article 19 de la loi du 29 mars 1897, « la bonne foi du contrevenant sera dûment établie, et en motivant expressément leur décision sur ce point ».

L'honorabilité du contrevenant et ses bons antécédents ne sont pas considérés comme circonstances atténuantes.

Les circonstances atténuantes spéciales prévues par la loi ne pourront être accordées en cas de récidive, dans le délai de trois années.

DEUXIÈME PARTIE

LE SUCRAGE DES VENDANGES

Aux termes de l'art. 7 de la loi du 28 janvier 1903, l'addition de sucre en première cuvée n'est permise que jusqu'à concurrence de 10 kilogrammes par 3 hectolitres de vendange ; l'addition de sucre aux marcs, pour la fabrication du vin de seconde cuvée est limitée à 40 kilogrammes par membre de la famille de l'assujetti et par domestique attaché à la personne de ce dernier, sans toutefois que la quantité de sucre employé puisse excéder 40 kilogrammes par 3 hectolitres de vendange récoltée ou achetée ; le même article impose aux intéressés l'obligation de déclarer à la régie qu'ils sucreront leur vendange ou fabriqueront du vin de sucre et de faire cette déclaration trois jours au moins avant celui où s'effectueront les opérations du sucrage.

Le décret du 21 août complète les dispositions de la loi en indiquant dans quelle forme doivent être libellées les déclarations et ce qu'elles doivent contenir. D'après l'art. 2 de ce décret l'addition de sucre en première cuvée doit être précédée d'une déclaration libellée conformément aux modèles qui seront donnés par la Régie et qui indique ;

1° Les nom, prénoms, profession et demeure du déclarant ;

2° Les quantités approximatives de vendange qu'il se propose de sucrer :

3° Le poids de sucre qui sera employé ;

4° Les lieux, jours et heures auxquels il sera procédé aux opérations de sucrage.

D'après l'art. 3, l'addition de sucre en seconde cuvée pour obtenir le vin de sucre doit être précédée d'une déclaration indiquant, outre les nom, prénoms, profession et demeure du déclarant :

1° Les nom et prénoms de chacun des membres de sa famille habitant d'une façon permanente avec lui ;

2° Les nom et prénoms de chacun des domestiques qui sont nourris par lui et attachés à sa personne ;

3° La superficie des terrains plantés en vigne exploités par lui et la commune sur le territoire de laquelle se trouve chaque parcelle ;

4° L'importance approximative, exprimée en hectolitres, des quantités de vendange qu'il se propose de sucrer ;

5° Les lieux, jours et heures auxquels il procédera aux opérations de sucrage.

L'administration, qui interprète le décret, entend par domestiques attachés à la personne :

1° Ceux qui sont employés aux travaux intérieurs du ménage ;

2° Les personnes qui concourent d'une manière permanente, à l'exploitation du domaine, du commerce ou de l'industrie exploité par le déclarant (récoltant ou acheteur de vendange) et qui sont nourries par lui. Ne sont pas considérés comme *domestiques*, dans l'interprétation de la Régie, ni les domestiques employés à titre temporaire ni les employés agricoles payés à la journée ou au mois et vivant à leur domicile particulier.

Les recettes buralistes mettent à la disposition des intéressés des formules de déclarations ainsi conçues :

Je soussigné , domicilié à commune d , arrondissement de déclare, en exécution de l'article 7 de la loi du 28 Janvier 1903, vouloir employer kilos de sucre pour fabriquer approximativement hectolitres de vin *(rouge ou blanc)* de sucre.

Je déclare en outre :

1° Que j'exploite hectares ares de vigne dans la commune d

2° Que j'ai récolté approximativement hectolitres de vendanges et que j'en ai acheté environ hectolitres ;

3° Que les personnes composant ma famille et vivant d'une façon permanente sous mon toit en communauté avec moi, sont au nombre de savoir : (*noms et prénoms*)

4° Que le nombre des domestiques attachés d'une façon permanente à ma personne et nourris par moi est de savoir :

Pour la culture
Pour les travaux intérieurs } (*Noms et prénoms*)

5° Que la fabrication aura lieu :

à { mon domicile ci-dessus indiqué / ou mon cellier situé à } le (*date*) à heure du

6° Que le (*date*) { je compte recevoir / ou j'ai reçu } les kilos de sucre mentionnés ci-cessus.

Fait à , le 190 .

(*Signature*)

Le maire de la commune certifie l'exactitude des déclarations relatives à la superficie du vignoble, à l'importance de la récolte, au nombre des membres de la famille et des domestiques attachés à la personne ; mais le maire ne peut certifier exactes que les déclarations de superficie des vignes situées sur le territoire de sa commune ; si donc un même déclarant possède des vignes sur les territoires de plusieurs communes, il sera tenu de demander une attestation au maire de chacune de ces communes.

Au verso des déclarations de fabrication de vin de sucre dont le texte vient d'être donné, se trouve le certificat qui doit être établi par le maire et dont voici le texte :

Le Maire de la commune d   soussigné, certifie :

1° Que M. (*noms et prénoms*)   , domicilié à   commune d   ; exploite   hectares   ares de vignes dans la commune d   ;

2° Qu'il a récolté approximativement dans ces vignes   hectolitres de vendanges ;

3° Que les membres de sa famille habitant d'une façon permanente avec lui sont au nombre de

4° Que le nombre des domestiques attachés d'une manière permanente à sa personne et nourris par lui est de

Fait à   , le   190 .

(*Signature du Maire*)

(Ici le sceau de la Mairie).

L'article 5 soumet l'emploi du sucre au contrôle direct des agents de la Régie. Aux termes de ce texte « les opérations de sucrage ont lieu sous le contrôle et la surveillance de l'administration ; toutefois si les employés n'interviennent pas au jour et à l'heure indiqués par les déclarants, il y est valablement procédé en leur absence ».

Ainsi, les agents de la Régie, ont le droit de pénétrer dans la cave du détenteur de vendange et d'être présents aux sucrages.

L'art. 6 du décret donne aux employés un délai d'un mois, pour « procéder à la reconnaissance de tous les vins, sucrés ou non, et des vins de sucre ainsi que des marcs existant en la possession des intéressés et de prélever gratuitement des échantillons de ces vins et de ces marcs ».

Enfin, l'art. 7 de la loi du 28 janvier 1903 impose à « toute personne qui en même temps que des vendanges, moûts, ou marcs de raisins, désire avoir en sa possession une quantité de sucre supérieure à 50 kilogrammes « l'obligation d'en faire préalablement la déclaration et de fournir des justifications d'emploi ». — Elle doit tenir un carnet où elle inscrit chaque jour les quantités de sucre consommées et l'usage qui en a été fait ; le service peut se faire communiquer le carnet, et vérifier l'exactitude de ses mentions, en se faisant représenter à domicile les produits à la préparation desquels l'intéressé déclarera avoir employé le sucre qu'il détenait.

www.ingramcontent.com/pod-product-compliance
Ingram Content Group UK Ltd.
Pitfield, Milton Keynes, MK11 3LW, UK
UKHW021032220726
13924UKWH00001B/267

9 782019 248536